मनराग (melody Of The Heart)

कविता संग्रह

Samarpan Tiwari

BookLeaf Publishing
India | USA | UK

Made with ❤ on the BookLeaf Publishing Platform
www.bookleafpub.in
www.bookleafpub.com

Dedication

To my grandfather—
the poet whose voice I never heard,
yet whose words I somehow always understood.
I was never fortunate enough to sit beside you,
to listen as you recited your Hindi kavita,
to watch the way your eyes must have lit up
when a verse found its perfect rhythm.
Time did not grant me your presence,
but destiny gave me your gift.
They say talent is taught.
But some talents are inherited like stories carried in blood.
Before I ever held a pen,
before I ever understood metaphors or rhythm,
perhaps your spirit had already written something inside me.
You wrote in Hindi —
the language that carries the fragrance of our soil,
the warmth of our roots,
the depth of emotions that refuse translation.
And maybe that is why,
without even questioning it,
I chose to write all my poems in Hindi.
Not because it was easy.

Not because it was expected.
But because somewhere deep within,
it felt like home.
Every time I write a kavita,
I feel as though I am continuing a conversation
that began long before I was born.
A conversation between generations.
Between your ink and mine.
Between the past and the present.
Though I never saw you,
I see you in every line I write.
In every metaphor that arrives unannounced.
In every emotion that insists on becoming poetry.
If there is rhythm in my words,
it echoes yours.
If there is depth in my verses,
it is drawn from the well you once dug.
This book is not just mine.
It is ours.
It is a bridge across time.
A silent meeting between two poets
who never met in person,
but meet on paper.
I write in Hindi because you did.
I write in Hindi because it feels like honoring you.
I write in Hindi because when my heart speaks,
it chooses the language you loved.

Wherever you are,
I hope these words reach you.
And if there is poetry in heaven,
I hope you smile knowing
that your legacy didn't end. it continued.
With love, pride, and inherited ink,
your grandchild.

Preface

This collection is a reflection of moments that shaped me — the quiet ones, the chaotic ones, and the transformative ones.
Each poem captures a feeling that once lived deeply within me. Some were written in joy, some in confusion, some in strength I did not know I possessed.
I offer these words honestly and without disguise.
May you find something here that resonates with your own story.

Acknowledgements

This book was not written in solitude, though many of its poems were born in silence.

I am deeply grateful to my family, whose unwavering belief in me became the quiet strength behind every verse. Your love has been my first language and my safest home.

To my friends, who listened to half-formed stanzas and unfinished thoughts—thank you for hearing music even when I could only hear noise.

To my teachers and mentors, who taught me that words carry worlds within them—your guidance shaped not only my poetry, but my perspective.

And finally, to every reader holding this book: thank you for giving these poems a heartbeat beyond my own.

6. कुर्सी की भूख

ये नेता नहीं, ये मौसम की चाल हैं,
बातों में शहद, इरादों में जाल हैं।
चेहरे पे मुस्कान, भीतर बवाल हैं,
जनता के हिस्से बस खाली थाल हैं।

चुनाव से पहले ये झुकते ज़मीन,
चुनाव के बाद पहचानें न दीन।
“आप ही मालिक!” – कहते रंगीन,
जीतते ही मालिक बन जाएं संगीन।

कल तक जो बोले – “ये सत्ता है चोर!”
आज वही सत्ता – “मेरा ही जोर!”
कल थे जो शेर, दहाड़ें घनघोर,
कुर्सी मिली तो हो गए कमजोर।

वादों की फैक्ट्री दिन-रात चले,
सपनों के ट्रक यूँ ही पटरी से ढले।
सवाल उठाओ तो मुद्दे बदलें,
सच की आग से आँखें मसलें।

रोज़गार पूछो – “युवा हैं महान!”
महँगाई पूछो – “देखो आसमान!”

सवालों पे देते इतिहास का ज्ञान,
जवाब में बस भाषण की तान।

दल बदलें जैसे कपड़ों का रंग,
नीति बदले जैसे गिरगिट का ढंग।
कल तक विरोध, आज वही संग,
कुर्सी दिखी तो बज उठा चंग।

घोटालों पर कहते – "षड्यंत्र है भाई!"
जांच पड़ी तो याददाश्त उड़ाई।
ईमानदारी की बड़ी दुहाई,
जेब में भर ली मोटी कमाई।

मंच पे जलते क्रांति के शोल,
पीछे कमरे में सौदे गोल।
जनता के सपनों का करते मोल,
देशभक्ति बस भाषण का रोल।

ये सेवा नहीं, ये सत्ता की प्यास,
जनता के नाम पर निजी विकास।
हर पाँच साल का वही विश्वास,
फिर पाँच साल का वही संन्यास।

पर सुन लो ऐ कुर्सी के लाल,
जनता भी अब नहीं कंगाल।
जब उठेगी आवाज़ बेमिसाल,
तुम्हारे नारे पड़ेंगे बेहाल।

क्योंकि आग अगर शब्दों में है,
तो चिंगारी भी भीड़ में है।
तुम्हारी चालें भले सजी हों,
पर जागती आँखें अब गली-गली में हैं।

2. आखिरी बाल्टी

गाँव के कोने में एक पुराना कुआँ था,
जिसे दादी कहती – "ये हमारा खुदा था।"
कभी छलकता था, गाता था,
हर प्यासे को सीने से लगाता था।

उसी कुएँ पर रोज़ आता था नील,
हाथ में बाल्टी, आँखों में झील।
माँ ने कहा – "बेटा, जल्दी जाना,
आज फिर आधा ही पानी है लाना।"

नील ने झाँका... सन्नाटा था,
नीचे बस पत्थरों का ठिकाना था।
कल तक जहाँ लहरों का घर था,
आज वहाँ बस खाली सा डर था।

उसने पूछा – "दादी, पानी कहाँ गया?"
दादी बोली – "शहर उसे खा गया।"
"नदियाँ बेचीं, जंगल काटे,
धरती के सीने में जख्म बाँटे।"

"बड़े-बड़े टैंक, ऊँची दीवार,
पानी बन गया अब व्यापार।
जिसके पास पैसा, उसके पास धार,
गरीब के हिस्से सूखी पुकार।"

नील ने देखा सड़क के उस पार,
बड़ी फैक्ट्री पी रही थी धार।
मोटर गरजे, पाइप निगले,
धरती के आँसू चुपचाप पिघले।

स्कूल में उसने नक्शा देखा,
नीला-नीला धरती का चेहरा।
मास्टर बोले – "तीन हिस्से पानी,"
नील हँसा – "फिर प्यास क्यों है नानी?"

दादी चुप थीं, आँखें भारी,
"बेटा, वो सागर का है, खारा खारी।
मीठा पानी मुट्ठी भर है,
और वही अब सबसे डर है।"

अगली सुबह जब नील गया,
कुएँ ने जैसे साँस न लिया।
रस्सी गई पर आवाज़ न आई,
बाल्टी खाली ही लौट आई।

नील ने उस दिन बाल्टी नहीं,
एक कसम उठाई थी वहीं।
"मैं बड़ा होकर पेड़ लगाऊँगा,
नदी को फिर से गुनगुनाऊँगा।"

साल बीते, गाँव बदल गया,

कुआँ बस पत्थर-सा रह गया।
पर एक दिन बादल सच में आए,
नील के बोए पेड़ लहराए।

पहली बूंद जब मिट्टी से मिली,
धरती की सूखी हँसी खिली।
कुएँ ने जैसे फिर कहा –
“जिसने बचाया, वही खुदा।”

3. पेड़ भाग गया।

शहर के बीचों-बीच एक बूढ़ा पेड़ खड़ा था,
न जाने कितने मौसमों का वो गवाह बड़ा था।
उसकी जड़ों में बचपन दफन था,
उसकी शाखों में हर सपना जड़ा था।

दादी कहती – "ये पेड़ नहीं, पहरेदार है,"
गर्मी में ठंडी छाँव, सर्दी में अंगार है।
बरसात में छत, आँधी में ढाल,
हर दुख में साथी, हर सुख में मिसाल।

सुबह-सुबह चिड़ियों का स्कूल लगता,
हर पत्ता जैसे कोई अक्षर जगता।
बच्चे खेलते उसके तले,
सपनों के महल वहीं पले।

किसी ने पहली मोहब्बत लिखी छाल पर,
किसी ने कसम खाई उसी डाल पर।
वो सिर्फ़ लकड़ी का ढाँचा न था,
पूरे मोहल्ले का सांचा था।

फिर एक दिन शहर ने करवट ली,
सूट-बूट वाली गाड़ियों की आहट मिली।
नक्शा खुला, जमीन नापी गई,
और पेड़ की किस्मत मापी गई।

कहा गया – "यहाँ बनेगा मॉल विशाल,
शहर को मिलेगा नया कमाल।
तरक्की की राह में ये बाधा है,
काट दो इसे – यही साधा है।"

पेड़ ने कुछ नहीं कहा,
बस पत्तों ने हल्का-सा कराह कहा।
हवा भी उस दिन धीमी थी,
जैसे साँसें भी थमी थीं।

रात को बच्चों ने सपना देखा –
पेड़ चल पड़ा, शहर से रुख मोड़ा।
कंधों पर अपना आसमान उठाए,
जड़ों को समेटे, दूर कहीं जाए।

सुबह उठे तो सच सामने था,
जहाँ पेड़ था, बस समतल ज़मीन था।
मिट्टी रोई, धूप हँसी,

छाँव की जगह चुभन बसी।

मॉल बना – शीशे चमकते रहे,
ए.सी. में लोग ठंडक गढ़ते रहे।
पर बाहर सड़क तपती रही,
हवा भारी-सी सिसकती रही।

चिड़ियाँ लौटीं – पर घर न मिला,
घोंसलों को कोई दर न मिला।
बच्चों ने खेलना कम कर दिया,
मोबाइल ने आँगन भर दिया।

साल बीते, गर्मी बढ़ी,
बारिश आई तो बाढ़ चढ़ी।
नालों में पानी अटक गया,
क्योंकि जड़ों का जाल हट गया।

तब किसी ने धीरे से कहा –
"शायद पेड़ ही खुदा था यहाँ।"
तरक्की के नाम पर जो काटा,
वही सांसों से हिसाब मांगता।

एक बच्चा जो तब छोटा था,
अब बड़ा हुआ, समझा था।
उसने खाली जगह को देखा,
और मन में एक बीज फेंका।

उसने दोस्तों को साथ बुलाया,
मिट्टी में फिर सपना उगाया।
एक नहीं – सौ पौधे रोपे,
आशा के धागे फिर से जोड़े।

वक्त लगा, पर हरियाली आई,
हवा में फिर ठंडक समाई।
और जब पहली छाँव गिरी,
शहर की साँसें हल्की हुईं।

कहानी का अंत सरल-सा है –
पेड़ भागा नहीं था असल में,
हम ही भाग गए थे प्रकृति से,
और लौटे जब – तब समझे।

विकास बुरा नहीं होता,
पर अगर जड़ें काट दो – तो पेड़ नहीं होता।
शहर बनाओ, सपने सजाओ,

पर साँसों का हक़ मत जलाओ।

क्योंकि
पेड़ सिर्फ़ लकड़ी नहीं,
वो समय का प्रहरी है।
और जिस दिन आख़िरी पेड़ कटेगा,
उस दिन शहर नहीं – भविष्य गिरेगा।

4. वो शहर महान।

एक शहर था – बड़ा महान,
ऊँची इमारत, चौड़ी उड़ान।
नियॉन लाइटें, शीशे के द्वार,
हर मोड़ पर विकास का शोर अपार।

लोग कहते – "देखो, कितना आगे!"
आसमान छूते सपनों के धागे।
पर उस दिन सूरज कुछ धुंधला था,
जैसे शहर ने धुआँ निगला था।

एक बच्चा छत पर पतंग उड़ाने गया,
डोर तो थी – पर आकाश कहाँ गया?
नीला रंग जैसे भूल गया,
धुएँ का बादल ही फूल गया।

दादी बोली – "पहले यहाँ,
साँस में खुशबू होती थी जहाँ।
अब हर साँस में जलन भरी,
हवा भी जैसे थकी पड़ी।"

सड़क पे गाड़ियाँ गर्जती थीं,
जैसे जीत का जश्न मनाती थीं।
फैक्ट्रियाँ धुएँ के हार पहनें,
आसमान को राख से गहने गढ़ें।

नदी किनारे गया वो बालक,
पानी काला, जैसे शोक-पालक।
मछलियाँ चुप, किनारे मौन,
लहरों में बस प्लास्टिक का कौन।

उसने पूछा – "शहर बीमार है क्या?"
माँ ने कहा – "हम जिम्मेदार हैं क्या?"
घर के भीतर ए.सी. ठंडा,
बाहर सूरज तपता तगड़ा।

हर कोई कहे – "मैं क्या करूँ?"
"सब करते हैं, मैं क्यों डरूँ?"
यही सोच जब सबकी हो जाए,
तो हवा भी ज़हर बन जाए।

एक दिन ऐसा भी आया,
शहर ने खुद को आईना दिखाया।
स्कूल बंद, पार्क सूने,
मास्क लगे हर चेहरे दूने।

बच्चा बोला – "माँ, ये कैसा खेल?
हमने खुद ही बाँधा गला ये फंदेल?"
माँ ने चुपके से हाथ दबाया,
"सच है बेटा, हमने ही ये जाल बनाया।"

पेड़ काटे, कचरा फेंका,

नदियों का चेहरा हमने ही फेंका।
प्रगति की दौड़ में भूल गए,
साँसों के भी कुछ हक़ होते हैं।

फिर एक दिन कुछ बच्चों ने ठाना,
धुआँ नहीं – अब पेड़ लगाना।
नदी किनारे सफाई की,
गलियों में भी रौनक लाई।

धीरे-धीरे फर्क दिखा,
सूरज फिर से साफ़ दिखा।
हवा ने थोड़ी राहत ली,
नदी ने फिर से आहट दी।

कहानी का व्यंग्य बड़ा सरल है –
शहर बीमार नहीं था असल में,
हम ही थे जो भूल गए थे,
धरती से रिश्ता तोड़ गए थे।

अगर विकास चाहिए सच में,
तो साँस भी बचानी होगी बचपन में।
वरना एक दिन ऐसा आएगा,
शहर रहेगा... पर जीना शर्माएगा।

5. हम भी दोषी हैं।

हम हर सुबह अख़बार पढ़ते,
देश की हालत पर सिर हिलाते।
“क्या हो गया है इस समाज को?”
कहते-कहते चाय सुड़कते।

सड़क पे थैला फेंक के कहते –
“सरकार सफ़ाई क्यों नहीं करती?”
लाल बत्ती तोड़ के बोलें –
“कानून की हालत है बिगड़ती।”

नदी में पूजा की थाली डालें,
फिर पूछें – “पानी गंदा क्यों है?”
पेड़ कटें तो पोस्ट लगाएँ,
पर खुद पेड़ लगाएँ – ऐसा कौन है?

हम वोट के दिन घर में सोएँ,
फिर पाँच साल तक रोएँ-धोएँ।
“नेता सब बेकार हैं भाई!”
उंगली पर स्याही न होए।

बिजली बचाने का भाषण देंगे,
पर पंखा-ए.सी. दिनभर चलेंगे।
ट्रैफिक में हॉर्न बजाएँ,
फिर शोर पर लेख लिखेंगे।

हर गली में कूड़ा बढ़ता,
हर हाथ कहे – "मेरा नहीं।"
जिम्मेदारी का बोझ उठाना,
कहते हैं – "ये काम मेरा नहीं।"

स्कूल में बच्चे सीखें नैतिकता,
घर में देखें चाल अलग।
सच की बातें मंच पे गूँजें,
जीवन में बस जाल अलग।

जब रिश्वत देकर काम कराएँ,
फिर भ्रष्टाचार पर गुस्सा खाएँ।
जब नियम तोड़कर आगे जाएँ,
फिर सिस्टम को दोष बताएँ।

हम भी तो उस भीड़ का हिस्सा,
जो सेल्फ़ी ले के हट जाती।
किसी को सड़क पे चोट लगे,
भीड़ खड़ी बस देखती जाती।

कहते हैं – "देश बदलना होगा,"
पर खुद को बदलें – ये क्यों होगा?
आईना जब सामने आए,
चेहरा झुकाना ही आसान होगा।

सच कड़वा है, पर सच यही –

देश कोई और नहीं, हम ही सही।
नेता भी हम, सिस्टम भी हम,
अगर गिरावट है – तो कारण भी हम।

जिस दिन हम सच में जागेंगे,
गलती अपनी भी मानेंगे,
उसी दिन बदलेगा ये दौर,
वरना बस शोर रहेगा – शोर।

केवल शब्दों से क्या होगा,
जब कार्य की बारी आएगी।
सोचो, क्या हमारे कदम,
इस तस्वीर को फिर से बनाएगी?

एक साथ मिल कर चलना होगा,
जिम्मेदारियों को निभाना होगा।
जब सब साथ आएँगे एक स्वर में,
तभी लगेगा, कुछ बदलना होगा।

1. उनकी स्याही में आकाश था।

घर के कोने में रखा एक संदूक पुराना,
जिसमें समय ने खुद को रखा था छुपा कर ठिकाना।
पीले पड़े पन्ने, किनारे मुड़े हुए,
पर शब्द जैसे अब भी जगे हुए।

स्याही भले फीकी पड़ गई हो,
पर उनमें एक उजाला था,
हर अक्षर में जैसे चुपचाप,
पूरा का पूरा एक जमाना था।

किसी ने कहा – "एक कवि थे यहाँ,
जिनकी आवाज़ थी गूँजती जहाँ।
जिनके शब्दों में था दरिया-सा वेग,
जिनके छंदों में था बिजली-सा मेघ।"

कहा जाता है, जब वो लिखते थे,
तो काग़ज़ भी साँसें लेता था।
दीया नहीं, उनका मन जलता,
और हर शब्द दीपक होता था।

चाँद भी शायद ठहर जाता था,
उनकी खिड़की की उस रात में,
जब स्याही से आकाश उतरता,
छोटे-से एक काग़ज़ के पात में।

उन्होंने दर्द को गीत बनाया,
और गीत को सम्मान दिया।
जहाँ लोग चुप रह जाते थे,
वहाँ शब्दों को उन्होंने जान दिया।

वो लिखते तो ऋतुएँ बदलें,
वो गाते तो मन पिघलें।
उनकी पंक्तियाँ सिर्फ़ पंक्तियाँ न थीं,
जैसे आशीष के शंख बजे।

फिर समय की आंधी आई,
और पन्नों पर धूल बिछाई।
नाम धुंधला, आवाज़ दूर,
पर स्याही अब भी थी भरपूर।

और अब...
जब कोई खिड़की आधी रात खुले,
जब कोई दिल भीतर से डोले,
जब बिना वजह शब्द उतरें,
जैसे कोई अनजाना हाथ टटोले –
तब लगता है, वो फिर आए हैं,
समय की परतें हटाकर।
मेरी उँगलियों में हल्की-सी,
अपनी लय मिलाकर।

जब पहली पंक्ति जन्म लेती,

तो दो धड़कनें साथ चलें।
एक मेरी – जो आज की है,
एक उनकी – जो कल में ढले।

मैंने चेहरा देखा नहीं,
पर पहचान अजनबी नहीं।
हर रूपक में उनका अक्स,
हर तुक में उनकी ही गिन।

शायद कभी उन्होंने सोचा भी न होगा,
कि बीज जो चुपचाप बोया था,
वो पीढ़ी बाद किसी मन में,
नया आकाश संजोया था।

वो अद्भुत थे – ये लोग कहते,
पर अद्भुत तो वो रिश्ता है।
जो समय की सीमाएँ तोड़े,
और शब्दों से बंधता है।

मैं जब कलम उठाता हूँ,
तो लगता है जैसे विरासत थामे हूँ।
ये शौक नहीं, ये शपथ-सी है,
मैं किसी ज्योति का दामन थामे हूँ।

वो जिनकी स्याही में आकाश था,
जिनके स्वरों में विश्वास था,
आज वही सुर मेरे भीतर है,

आज वही सपना मेरे पास था।

नाम चाहे इतिहास में खो जाए,
पर कविता कभी नहीं खोती।
क्योंकि असली कवि वही होता है,
जो पीढ़ियों की धड़कन बोती।

और यदि कभी मेरी पंक्तियाँ
किसी के मन को छू जाएँ,
तो समझूँगा – वो अद्भुत कवि
फिर से इस दुनिया में मुस्काएँ।

कभी किसी ने न खोला,
उस संदूक का चेहरा,
धूप और छांव में गलती रहे,
मगर यादें हो जैसे गहरा।

किसी गली में नाम खो चुके,
पर उनकी रूहें सजग हैं।
दिसंबर की ठंड में भी,
उनकी कहानियाँ सजीव हैं।

7. आँगन से उतरता उजाला

घर के उस पुराने आँगन में,
जहाँ धूप छनकर आती थी,
एक छोटी-सी मेज़ पड़ी थी,
जिस पर शाम उतर जाती थी।

मेज़ पर रखी थी एक दवात,
सूखी-सी, पर खाली नहीं।
जैसे उसमें अब भी बाकी हो,
किसी कहानी की रौशनी।

कहते हैं, उस आँगन में कभी
एक शब्दों का जादूगर रहता था,
जो चुप बैठकर दुनिया को
काग़ज़ पर धीरे-धीरे कहता था।

वो जब लिखता, हवा ठहरती,
पत्ते सुनने को झुक जाते।
दीवारों पर भी जैसे उसके
छंद मुस्कुराकर उग आते।

फिर समय ने पन्ना पलटा,
आँगन थोड़ा सूना हुआ।
मेज़ वही, पर कुर्सी खाली,
दीया आधा-सा बुझा हुआ।

पर कहानियाँ जाती कहाँ हैं?
वे तो घर में ही ठहरती हैं।
दीवारों, धूप और धूल के संग
चुपचाप साँसें भरती हैं।

एक दिन उसी आँगन में
एक नन्हा-सा मन बैठा था,
हाथ में काग़ज़, आँखों में प्रश्न,
और भीतर कोई कहता था – "लिखना।"

पहली पंक्ति थोड़ी काँपी-सी,
दूसरी में लय आई।
तीसरी तक आते-आते
जैसे कोई मुस्कुराहट छाई।

न दीया जला, न घंटी बजी,
पर वातावरण में उजाला था।
जैसे किसी ने आशीष बनकर
चुपचाप सिर सहलाया था।

आँगन ने देखा, धूप ने जाना,
विरासत यूँ ही चलती है।
एक दिल से दूसरे दिल तक
रौशनी धीरे-धीरे ढलती है।

वो जादूगर अब दिखता नहीं,

पर जादू आज भी रहता है।
हर सच्ची पंक्ति के पीछे
एक अनदेखा हाथ बहता है।

और जब शाम को हवा चले,
और काग़ज़ हल्का-सा हिले,
तो लगता है – कोई कह रहा हो,
"डर मत, बस मन से लिखे।"

घर वही है, आँगन वही,
बस समय का रंग बदला है।
पर शब्दों का जो दीप जला था,
वो अब भी धीरे-धीरे जला है।

कहानियाँ खत्म नहीं होतीं,
वे बस हाथ बदलती हैं।
जो कभी किसी ने बोया था,
वो किसी और में खिलती हैं।

और उस छोटे-से आँगन में
अब भी हर शाम यही होता है –
एक कुर्सी खाली रहती है,
और एक मन भरकर रोता है...
खुशी से।

क्योंकि
कभी-कभी विरासत मिलती नहीं,

वो महसूस होती है।
और जब महसूस होती है,
तो घर में सचमुच उजाला होता है।

8. बारिश की पहल

बारिश थी हल्की, धीमी-धीमी,
जैसे कोई धुन हो मीठी-सी मीमी।
छत पर बूँदें राग सुनाएँ,
आँगन चुपचाप भीगता जाए।

खिड़की आधी, परदा गीला,
हवा ने कमरे को छूकर सीला।
चाय की भाप में घुलती शाम,
कमरा बन गया नरम-सा ग्राम।

टेबल पर एक डायरी पड़ी,
किनारों से थोड़ी-सी मुड़ी।
पन्नों पर फीकी-सी स्याही,
पर लय अब भी थी गहरी-साही।

अक्षर चलते थे धीरे-धीरे,
जैसे पाँव धरे कोई तीरे।
हर पंक्ति में हल्की चाल,
जैसे कोई मुस्काए बेमिसाल।

कुर्सी पर कोई चुप बैठा,
शब्दों से जैसे मन को ऐंठा।
कभी पढ़े, कभी पन्ना मोड़े,
कभी बाहर बादल को जोड़े।

आम का पेड़ झूले-सा डोले,
पत्तों पर पानी के मोती बोले।
गली में बच्चों की हँसी उड़ी,
भीगी मिट्टी की खुशबू जुड़ी।

चाय कप में ठंडी पड़ी,
पर चुस्की फिर भी धीरे चढ़ी।
बारिश अपनी लय में रही,
घड़ी भी टिक-टिक कहती रही।

एक पन्ना हवा से पलटा,
कमरे का सन्नाटा हल्का।
तारीख़ पुरानी, साल धुँधला,
पर शब्दों का रंग न बदला।

चेहरे पर आई एक रेखा,
जैसे मन ने कुछ चुप-सा देखा।
न आँसू थे, न कोई बात,
बस स्मृति का हल्का-सा साथ।

बारिश बढ़ी, फिर कम हो गई,
धुन अधूरी-सी नम हो गई।
खिड़की से झाँकता धुंधला गगन,
कमरे में था ठहरा जीवन।

डायरी फिर से बंद हुई,

उँगलियों में थोड़ी देर रही।
कदम खिड़की तक जा पहुँचे,
बूँदों को चुपचाप आँखें खोजे।

उस दोपहर में कुछ भी खास नहीं,
न कोई कारण, न कोई यहीं।
बस बारिश, पन्ने, ठंडी चाय,
और मुस्कान जो आई – ठहर गई।

न अंत लिखा, न आरंभ कहा,
बस पल ने पल को हल्का-सा छुआ।
और फिर जैसे सब थम गया,
पर भीतर कुछ नम-सा रह गया।

9. लिफ़ाफ़ा

घूसखोरों को मेरा प्रणाम,
देशसेवा इनका महान काम।
बिना नोट के ये ना हिलते,
फाइलें भी डर से ना खिलते।
इनके दफ़्तर का नियम निराला,
पहले लिफ़ाफ़ा, फिर उजाला।

वरना आवेदन रोता जाए,
मेज़ के नीचे सोता जाए।
कहते हैं – "हम भ्रष्ट नहीं",
बस लेते हैं "थोड़ा सही।"

देशहित में जेबें भरते,
जनता को सपनों में तरते।
इनका सिद्धांत बड़ा सुहाना,
"काम तभी जब नोट पुराना।"

नए नोट में भाव नहीं है,
सेवा में भी लगाव नहीं है।
ईमानदारी? वो चीज़ पुरानी,
अब चलती है कैश कहानी।

संविधान भी मुस्कुराता,
"जो दे ज़्यादा, वही कहलाता।"

कुर्सी इनकी साधु जैसी,
जेब मगर है गंगा-मैसी।

ऊपर से चेहरा तपस्वी,
अंदर पूरा नोट-व्यवस्थी।
बेटे से कहते – "सच बोलो",
पीछे से कहते – "नोट खोलो।"

आदर्शों का लंबा भाषण,
अंदर चलता कैश-प्रशासन।
इनकी ईमान की परिभाषा –
"घूस नहीं, ये है अभिलाषा।"
सेवा शुल्क कह लो भाई,
रिश्वत शब्द में शर्माई।

लाइन में खड़ा गरीब पसीना,
इनको दिखता बस महीना।
कितना आए, कितना जाए,
किसके घर का चूल्हा जले –
ये सवाल इन्हें ना भाए।

वाह री व्यवस्था, वाह कमाल,
सब चलता है बेमिसाल।
नोटों की जब वर्षा होती,
फाइल भी झट से गर्वित होती।

चलो मनाएँ आज त्योहार,

ईमानदारी गई बेकार।
दो मिनट का मौन रखें,
फिर चुपके से भुगतान रखें।

जय हो इन महापुरुषों की,
जेबों में जो धूप भरी।
देश बिका किस भाव, बताओ?
“लिफ़ाफ़ा खोलो, रेट लगाओ।”

10. आम चोर

गाँव की पगडंडी, धूप सुहानी,
पीपल की छाँव, हवा मस्तानी।
आमों से लदा था बाघ हरा,
और उसमें रहता था एक शरारती सा तारा।

नन्हा सा बच्चा, आँखें चमकीली,
जेबें खाली, ख्वाहिशें रंगीली।
रोज़ उधर से यूँ ही निकलता,
पर मन उसका पेड़ों पर मचलता।

एक दिन उसने ठाना मन में,
"आज तो आम गिरेंगे दामन में।"
धीरे-धीरे दीवार लाँघी,
धड़कन जैसे ढोलक बाजी।

एक आम तोड़ा, फिर दो, फिर चार,
भागा जैसे जीता हो संसार।
घर पहुँचा तो माँ ने देखा,
होंठों पर मुस्कान थी लेखा।

माँ ने पूछा – "कहाँ से लाया?"
बच्चा पहले थोड़ा घबराया।
फिर बोला हँसकर सिर झुकाकर,
"पेड़ ने खुद ही दिया गिराकर..."

माँ ने कुछ ना कहा उस पल,
बस सहलाया उसका वो बाल।
पर अगले दिन जब फिर वो गया,
बग़ीचे में कोई खड़ा था नया।

माली बाबा, दाढ़ी सफ़ेद,
आँखों में ना ग़ुस्सा, ना भेद।
बोले – "बेटा, क्यों चुराते?
"मुझसे माँगते तो दे जाते।"

बच्चा ठहरा, आँखें नम,
दिल में जैसे लगा हो दम।
बोला – "बस मन ललचाता था,
पैसा तो मेरे पास न था।"

माली हँसकर पास बिठाए,
दो आम खुद उसके हाथ थमाए।
कहा – "चोरी से मीठा क्या?
ईमान से मीठा होता है भला।"

उस दिन से वो रोज़ ही आता,
पर दीवार कभी न लाँघ पाता।
पहले पूछे, फिर मुस्काए,
माली बाबा संग आम खाए।

धीरे-धीरे बड़ा हुआ वो,

जीवन का अर्थ समझा जो।
आज भी जब आमों की खुशबू आए,
बचपन की वो बात याद दिलाए।

कि चोरी का स्वाद पल भर का,
पर सच का स्वाद है उम्र भर का।
और जो माँग ले सच्चे दिल से,
उसे दुनिया देती है खिल के।

वो छोटा सा आम चोर कभी,
अब सिखाता है सबको यही –
मीठे आम तो हर साल मिलेंगे,
पर मीठे रिश्ते सच से खिलेंगे।

जिसने सीखा है देना,
उसने पाया है सदा रिना।
माली की बातें उसके संग हैं,
सच्चाई ही है जो जीवन का रंग है।

गाँव की धूप में जब बहेगी,
हर दिल में ममता की नदी बहेगी।
आमों की बगिया में खिलती बहार,
माली की सीख में छिपा सुख का गुहार।

11. जिंदगी उजले से भर गई

कोई उजाला धीरे-धीरे घर में उतर आता है,
बिन आहट, बिन दस्तक, सब कुछ सँवर जाता है।
सूनी-सी दीवारों पर चाँदी-सा रंग चढ़ाता है,
हर धड़कन को छूकर मीठा सुर जगाता है।

कोई नरमी रेशम बनकर उँगलियों में ढलती है,
थकी हुई सी साँसों में ठंडी-सी हवा चलती है।
सूखे पत्तों जैसे दिन में हरियाली फिर खिलती है,
चुप बैठे मौसम में भी शहद-सी मिठास घुलती है।

कोई हँसी लहर बनकर कोनों-कोनों जाती है,
बंद पड़ी खिड़कियों में धूप नई ले आती है।
पतझड़ के सन्नाटों में कोंपल-सी मुस्काती है,
रेत भरे वीराने में भी नदिया-सी बह जाती है।

कोई झिलमिल सपना पलकों पर ठहर जाता है,
नींदों के सूने आँगन में चाँद नया बन जाता है।
सर्द रात की चुप्पी में तारा-सा जगमगाता है,
छोटा होकर भी जाने कैसे ब्रह्मांड समा जाता है।

कोई स्पर्श हवा बनकर रग-रग में उतरता है,
पत्थर-से भारी दिल को मोम-सा पिघलाता है।
बिन शब्दों के भी जाने क्या-क्या समझा जाता है,
एक क्षण में जीवन का अर्थ नया बतलाता है।

ना नाम लिखा कागज़ पर, ना कोई पहचान रही,
बस धड़कन की धुन में जैसे कोई गुप्त-सी तान रही।
जहाँ भी उसकी छाया ठहरे, किस्मत मेहरबान रही,
सूनी राहों में भी फिर उम्मीद जवान रही।

जो भी है – नन्हा-सा जादू, या किस्मत का इकरार,
छोटा होकर भी रखता है पूरे जहाँ का भार।
उसके होने भर से लगता है ये जीवन उपहार,
धूप, दुआ और सपनों का खुल जाता है भंडार।

12. अंधविश्वास की राख।

काली बिल्ली रास्ता काटे तो
क्यों दिल में डर बस जाता है?
मेहनत से भागने वाला ही
किस्मत को दोष बताता है।

कभी ग्रहों को दोष दिया,
कभी किस्मत को रोते हो,
सच तो ये है दोस्तों –
तुम अपने कर्म ही बोते हो।

पत्थर को भगवान बना
सिर झुकाते जाते हो,
जो खुद बारिश में घिस जाए
उसे जग का मालिक बताते हो।

कोई कहे – "मत पूछ सवाल,
वरना पाप चढ़ जाएगा",
पर सच की एक चिंगारी से
झूठ का महल गिर जाएगा।

डर की जंजीरें तोड़ दो,
सोच की तलवार उठाओ,
अंधविश्वास के अंधेरे को
ज्ञान की आग में जलाओ।

याद रखो ये बात सदा –
डर से कोई महान नहीं,
जो सवालों से लड़ जाता है
उससे बड़ा इंसान नहीं।

13. हिरण की सुंदरता।

हरी घास के बीच कहीं,
शांत हवा के गीत में,
एक कोमल सा हिरण चला
जंगल की मधुर प्रीत में।

उसकी आँखों में जैसे
नदियों की गहराई हो,
उसकी चाल में जैसे
सपनों की परछाई हो।

हल्की धूप जब गिरती है
उसकी कोमल काया पर,
जंगल जैसे मुस्काता है
उसकी मधुर छाया पर।

पत्तों की सरसराहट में
उसका मन भी गाता है,
मुक्त गगन के नीचे वह
जीवन को अपनाता है।

न कोई लालच, न अभिमान,
बस प्रकृति का प्यारा मित्र,
निर्मल, कोमल, शांत सा
वन का वह सुंदर चित्र।

दौड़ता जब वह मैदानों में
हवा भी पीछे रह जाती,
धरती उसकी चाल देखकर
चुपके-चुपके मुस्काती।

ऐसा सुंदर, सरल जीव
जंगल का अभिमान है,
हिरण नहीं वह केवल
प्रकृति का मधुर गान है।

14. नन्हा

नन्हा सा बच्चा, आँखों में सपना,
दिल उसका चमके जैसे हो अपना।
हँसता हुआ चलता हर एक डगर,
डर को भी बोलता – "चल हट इधर!"

कभी वो कंचों का बादशाह,
कभी पतंगों का है निगहबान।
कभी वो बादल छूने निकले,
कभी सितारों से बातें कर ले।

गिर जाए तो हँसकर उठता,
मिट्टी झाड़ फिर आगे बढ़ता।
छोटा सा दिल, हिम्मत बड़ी,
जैसे चिंगारी बने लड़ी।

आज है बच्चा, खेल में राजा,
कल बनेगा दुनिया का ताज।
सपनों की जो थामे डोर,
वही चमकेगा हर एक भोर।

15. चाय और दूरभाष

सुबह-सुबह बाबूजी उठे बड़े आराम,
बोले – "पहले चाय, फिर होगा काम।"
माँ बोली – "लो चाय, गरम-गरम प्याली,"
बाबूजी बोले – "रुको, पहले मोबाइल वाली!"

व्हाट्सऐप खोला, चश्मा लगाया,
एक-एक मैसेज बड़े ध्यान से पढ़ पाया।
कभी हँसे ज़ोर से, कभी सिर हिलाएँ,
माँ बोली – "बताओ भी, क्या पढ़ पाए?"

बोले – "यह देखो चुटकुला बड़ा निराला,
लिखा है – 'डाइट करो', पर सामने समोसा वाला!"
इतना सुनते ही माँ भी हँस पड़ी,
बोली – "डाइट बाद में, पहले दो कचौड़ी!"

चाय हुई ठंडी, समोसे हुए कम,
मोबाइल में चुटकुले चलते हर दम।
बाबूजी बोले – "काम बाद में भाई,
पहले हँसी जरूरी, फिर दुनिया की लड़ाई!"

16. "आलसी बाबू"

एक थे बाबू बड़े निराले,
काम से भागें, बहाने ढेर सारे।
माँ बोली – “जाओ बाजार से सब्ज़ी लाओ,”
बाबू बोले – “पहले ज़रा नींद तो पूरी हो जाओ!”

पापा बोले – “कमरा थोड़ा साफ़ करो,”
बाबू बोले – “पहले मोबाइल का हिसाब करो!”
काम की बारी आए जब-जब,
बहाना नया निकलता तब-तब।

कभी कहें – “आज सिर में दर्द,”
कभी कहें – “आज मौसम है सर्द।”
पर जब पकौड़े की खुशबू आए,
सबसे आगे बाबू ही पाए!

माँ बोली हँसकर – “वाह रे ज्ञानी,
काम में सुस्ती, खाने में तूफानी!”
बाबू बोले – “यही है मेरी नीति,
खाओ जमकर, काम करो थोड़ी-सी रीति!”

17. ज्ञानी बालक

एक गाँव में रहता था बालक छोटा,
मन उसका था सच्चा और थोड़ा भोला।
खेल-कूद में दिन बीत जाता,
पर पढ़ाई से वह घबराता।

एक दिन आया गुरु ज्ञानी,
चेहरे पर मुस्कान सुहानी।
बोले – "बेटा सुन लो बात,
ज्ञान है जीवन की सबसे बड़ी सौगात।"

बालक बोला – "गुरुजी बताओ,
ज्ञान से क्या सच में पाओ?"
गुरुजी हँसे और यह समझाया,
एक छोटा सा दीपक जलाया।

बोले – "देखो अँधेरा भाग गया,
दीपक से सब जगमग हो गया।
वैसे ही ज्ञान का उजियारा,
दूर करे अज्ञान का अँधियारा।"

बालक ने फिर मन में ठानी,
अब पढ़ाई होगी उसकी कहानी।
मेहनत से उसने राह बनाई,
ज्ञान की रोशनी हर ओर फैलायी।

सीख यही है इस कहानी की,
सच्ची बात है जीवन पानी की–
धन-दौलत सब रह जाएँ पीछे,
ज्ञन साथ चलता जीवन सींचे।

18. "लकड़हारा"

नदी किनारे एक गाँव था प्यारा,
वहाँ रहता था एक लकड़हारा।
मेहनत करता दिन भर सारा,
पर दिल था उसका बड़ा ही न्यारा।

एक दिन जंगल में पेड़ काटते,
उसकी कुल्हाड़ी नदी में जा गिरते।
बैठ गया वह किनारे रोकर,
बोला – "अब घर कैसे जाऊँ मैं होकर?"

तभी नदी से देवता आए,
हाथ में सोने की कुल्हाड़ी लाए।
बोले – "क्या यह तुम्हारी है?"
लकड़हारा बोला – "नहीं, यह मेरी नहीं है।"

फिर चाँदी की कुल्हाड़ी दिखलाई,
लकड़हारा बोला – "यह भी मेरी नहीं भाई।"
अंत में लोहे की कुल्हाड़ी निकाली,
लकड़हारा बोला – "हाँ, यही है मेरी वाली!"

देवता उसकी सच्चाई पर मुस्काए,
तीनों कुल्हाड़ियाँ उसे थमाए।
बोले – "ईमानदारी सबसे बड़ी बात,

यही दिलाती जीवन में सच्ची सौगात।”

19. कीमत समय की

एक छोटा सा गाँव था प्यारा,
वहाँ रहता था बालक न्यारा।
नाम था उसका मोहन भाई,
पर एक आदत बुरी थी आई।

हर काम को वह टालता रहता,
"कल करूँगा" बस यही कहता।
सुबह उठे तो खेल में जाए,
पढ़ाई से बस दूर ही भागे जाए।

माँ समझाए, पिता बतलाएँ,
"समय को यूँ मत यूँ गँवाएँ।"
पर मोहन को समझ न आए,
दिन यूँ ही हँसते-खेलते जाए।

धीरे-धीरे साल भी बीता,
परीक्षा का समय भी जीता।
जब किताबें उसने उठाईं,
तब मुश्किलें सामने आईं।

दोस्त सभी आगे निकल गए,
मेहनत के फल उन्हें मिल गए।
मोहन बैठा सोचता रह गया,
समय हाथ से फिसल गया।

फिर उसने मन में यह ठानी,
अब बदलेगी अपनी कहानी।
हर दिन मेहनत करने लगा,
समय का मोल समझने लगा।

कुछ सालों में मेहनत रंग लाई,
मोहन ने नई ऊँचाई पाई।
सबसे कहता – "सुनो यह बात,
समय है जीवन की सबसे बड़ी सौगात।"

जो समय का मान बढ़ाता,
वही जीवन में आगे जाता।
जो पल-पल को सही बिताए,
वही सच्ची मंज़िल पाए।

www.ingramcontent.com/pod-product-compliance
Lightning Source LLC
Chambersburg PA
CBHW070647240926
51846CB00003BA/821
9789375435341